決定版!

パラスポーツ大百科⑤

［車いすテニス・ボッチャ・柔道 ほか］

監修 藤田紀昭 日本福祉大学教授

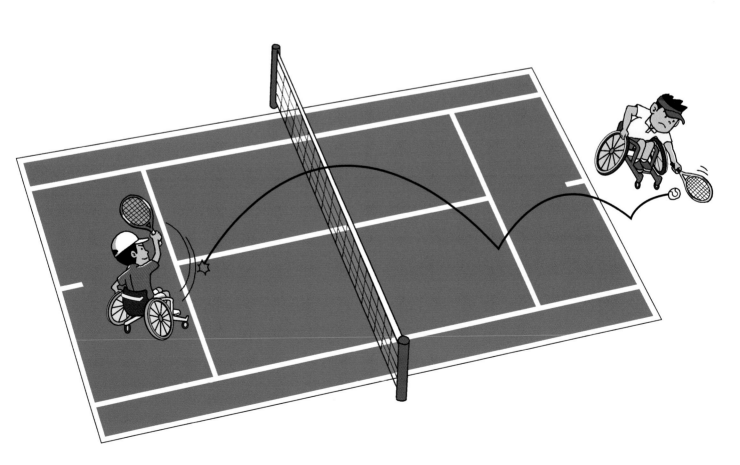

もくじ

この本に出てくるパラスポーツに関する用語 …………●4
肢体不自由・視覚障がい・聴覚障がい・知的障がい・立位と座位

車いすテニス …………●6

●どんな競技?　●コートのイメージ
●クラス分け【男子・女子（シングルス・ダブルス）／クアード（シングルス・ダブルス）】
●特別なルール【おしりを浮かせてはいけない／足を使ってはいけない／
　車いすにボールを当ててはいけない】
●車いすの特徴【タイヤ／ハンドリム／キャスター】
●車いす操作の基本【チェアワークの基本／後ろ向きに構えるレディポジション】

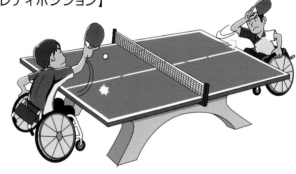

卓球 …………●12

●どんな競技?　●クラス分け　●卓球台のイメージ
●特別なルール　●こんな選手も
こんな「卓球」も▶サウンドテーブルテニス

パラバドミントン …………●16

●どんな競技?　●クラス分け　●コートのイメージ　●クラスとコート
●用具のくふう【パラバドミントン専用の車いす】
　背もたれ・タイヤとハンドリム・転倒防止キャスター・軽量ボディ

ボッチャ …………●20

●どんな競技?　●クラス分け
●使われる用具【ボール／ランプ（投球補助具）】　●コートのイメージ
●試合の進め方【使用するボール／先攻の第1球／後攻の第1球／
　以降の投球／エンドの終了／合計得点】
●いろいろな戦術【的の位置を有利にする／的の位置を変える／
　残りの球数を多く】
●アシスタントの役割

車いすフェンシング ·········· 28

●どんな競技? ●クラス分け ●コートのイメージ
●試合の進め方【車いすの調整／判定は電気で／攻撃権】
●3つの種目【フルーレ／エペ／サーブル】

パラテコンドー ·········· 32

●どんな競技? ●クラスと階級
●特別なルール【頭部への攻撃は禁止】
●エリアのイメージ
●足技とポイント【前足蹴り／180度の回し蹴り／
　360度の回し蹴り】

柔道 ·········· 36

●どんな競技?
●クラス分け ●試合場のイメージ

車いす空手道 ·········· 38

●どんな競技? ●2つの種目【型／組手】

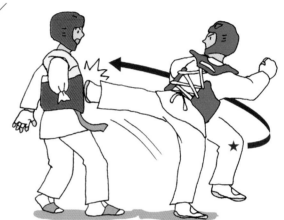

パワーリフティング ·········· 40

●どんな競技? ●クラス分け
●競技場のイメージ

射撃 ·········· 42

●どんな競技? ●クラス分け
●試合場のイメージ ●いろいろな種目
●ライフルの姿勢【立射／伏射／膝射】

さくいん ·········· 46

※この本で紹介する各競技のクラス分けなどのデータは、2020年8月現在のものです。　3

この本に出てくるパラスポーツに関する用語

肢体不自由

運動機能に障がいがある状態のことで、全ての身体障がいの約半数を占めます。

「肢体」とは主に手と足を指す言葉で、広くは頭や胴体を含めた体全体を指します。「肢」は手足、「体」は頭や首（頸）、胴体のことを指します。胴体は特に「体幹」とも呼ばれます。

上肢（手や腕）・下肢（大腿部・下腿・足）の障がいは、重い順に1級から6級までに分けられます。

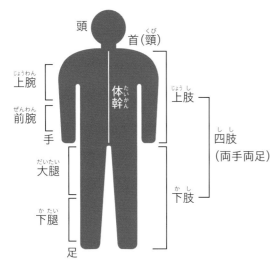

【関連する用語（障がいの原因・疾患）】

●脳性まひ

酸素欠乏や感染、奇形などによる脳の損傷のことで、いろいろな運動困難や筋肉のこわばりなどを起こします。

●脊髄損傷

脊髄（背骨を形作る脊椎の内部を通る神経の束）が事故などによって傷つき、脳から体への指令、体から脳への信号がうまく機能できなくなることをいいます。

【関連する用語（症状・状態）】

●対まひ

脊髄損傷などが原因で、両足が思うように動かせない障がいのこと。左右どちらかのまひの場合は「片まひ」といいます。

●痙性まひ

脳や脊髄の損傷によって、手足が突っぱり、関節を自由に動かせない運動障がいをいいます。

●筋緊張亢進

筋肉に常に力が入っていて、力を抜くことや、コントロールすることが難しい状態をいいます。

●運動失調

運動の動作を円滑に行うことが難しい状態のこと。協調運動障がい（ラジオ体操のように手足を同時に別々に動かすことができないなど）も含みます。

●アテトーゼ

筋肉のコントロールが難しく、自分の意思と関係なく、常に体の一部が動いてしまう状態のことです。

●痙直型

手足が硬直して、手先や足先が常に突っぱったような状態になることをいいます。

●四肢欠損

生まれつき、手足の一部または全部を失った状態。事故や病気などで手や足の一部を失う「切断」も含みます。

●他動関節可動域制限

関節の動きがうまくできない状態をいいます。

●筋力低下

手足や腹筋・背筋などの筋力が低下した状態をいいます。

●筋強直

筋肉がこわばってうまく動かせない状態をいいます。

●脚長差

先天的または外傷などで片足の骨が短くなるなど、左右の足の長さが異なっている状態のことをいいます。

●低身長症

軟骨の発育不全などの病気により、身長の発育が制限されている状態。身長が男子は145cm以下、女子は137cm以下などの条件があります。

●体幹が利かない

「体幹」とは頭や首、上肢・下肢を除いた胴体部分のこと。「体幹が利かない」は、上半身を真っ直ぐに支えることが難しい状態を指す言葉で、重度の障がいに分類されることが多い状態です。

視覚障がい

視力や視野に障がいがあり、ふだんの生活の中で支障がある状態のこと。障がいの重い順に1級から6級までに分けられます。

【関連する用語】
● 矯正視力
近視や乱視などの矯正眼鏡をかけた状態のこと。
● 視力
万国式試視力表（ランドルト環による視力表など）によって測った視力。
● 視野
視線をまっすぐ前にして動かさない状態で見える範囲のこと。これが狭い状態を「視野狭窄」といいます。
● 全盲
医学的に光を感じない状態。5人制サッカーやゴールボールなどでは、選手間の不公平をなくすために、アイマスクをして出場選手を全て同じ全盲の状態にして試合をします。
● 光覚
光を感じられる程度。
● 弱視
「ロービジョン」ともいい、視力が低い、視野が狭い、薄暗いところで見えないなど、目が見えにくいさまざまな状態を指します。
● 晴眼者
目が見える人のことをこう呼びます。視覚障がい者を安全に誘導するガイドランナーは晴眼者がつとめます。また、5人制サッカーのゴールキーパーは晴眼者または弱視者が行います。

アイマスクをしてプレーする5人制サッカーの選手

マラソンのガイドランナー（左）

聴覚障がい

耳の機能の障がいで聴覚が不自由なこと。障がいの重い順に2級から6級まであり、言葉を覚えた後に聞こえなくなり、話すことができる「**中途失聴者**」、補聴器を使えば会話できる「**難聴者**」、言葉を覚える前に失聴し、口話による会話が難しい「**ろう者**」に分類されます。団体競技では、手話やアイコンタクトなどを頼りにプレーします。

【関連する用語】 ● 健聴者　耳が聞こえる人のこと。

「集中しよう」と仲間に呼びかける聴覚障がいのサッカー選手

知的障がい

知的機能の障がいがあり、認知能力が全般的に遅れている水準にあること。知能指数（IQ）と同時に適応能力にも制限があり、これらが18歳未満で生じている場合のことをいいます。

立位と座位

「立位」は立った状態のこと。車いすなどを使わずに競技に臨むことを表す言葉としてよく使われます。義足やクラッチ（松葉杖のような体を支える用具）を使用するクラスなどを指すこともあります。

「座位」は座った状態のこと。脳性まひや脊髄損傷で体幹が安定せず、「座位が保てない状態」などという使われ方をします。また、車いすなどに座った状態で競技に臨むことを表す言葉としてもよく使われ、「レーサー」などの競技用具を含むほか、冬季種目のチェアスキーなども指します。氷上そり（アイススレッジ）を使う競技もあります。

義足（左）とクラッチ（右）を使用する選手

短距離用車いす「レーサー」を使用する選手

車いすテニス

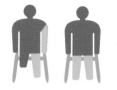

対象となる障がい者

上肢・下肢障がい者

どんな競技?

専用の競技用車いすに乗ってプレーするテニスです。サーブから始まり、ネットをはさんでボールを打ち合うなど、一般のテニスと同じようにゲームが行われます。コートの大きさやネットの高さも同じです。

4ポイントを先にとった方がそのゲームをとり、6ゲームを先にとった方がそのセットをとります。先に2セットを獲得した方が勝ちとなるのも、テニスと同じ試合の進め方です。

テニスのルールと大きく違うのは、2バウンド以内での返球が認められていること。2バウンド目はコートの外でもよいことになっています。

対象となるのは、下肢に障がいがあり、車いすでプレーする選手で、男女ともシングルスとダブルスがあります。上肢にも障がいのある選手を対象とする「クアード」というクラスもあります。

テニスの技術はもちろん、この競技では車いすをいかにうまく操作するかが大切な要素になります。相手のレシーブがどこに来るかを予測し、車いすを回転させながら最速でそこに到達するプレーなどが見られます。こうした高い技術によって続けられるラリーはとても見ごたえがあります。

この競技では、日本の選手が世界トップとして活躍しています。右ページの国枝慎吾選手は、世界ランキングでたびたび1位になっています。

コートのイメージ

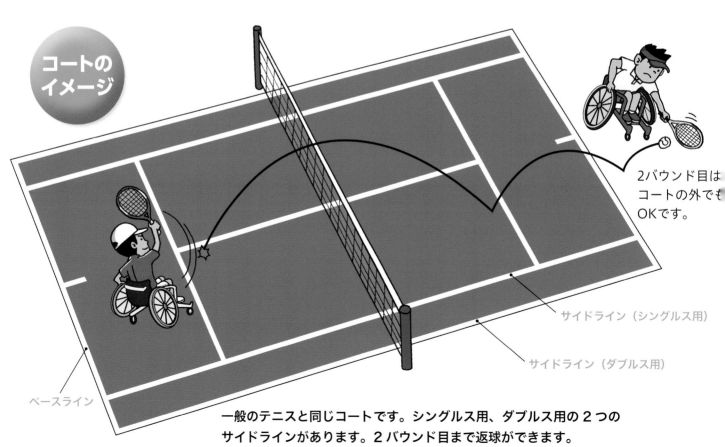

2バウンド目はコートの外でもOKです。

サイドライン（シングルス用）

サイドライン（ダブルス用）

ベースライン

一般のテニスと同じコートです。シングルス用、ダブルス用の2つのサイドラインがあります。2バウンド目まで返球ができます。

車いすテニスの日本
の第一人者国枝慎吾
<ruby>（くにえだしんご）</ruby>
選手（写真／日本車
いすテニス協会）。

クラス 分け 車いすテニスの場合は、性別、障がいの種類や程度によって、「男子」「女子」「クアード」の3つのクラスに分けられます。

クラス	対象となる選手	
男子		脊髄損傷、下肢切断など、さまざまな下肢障がいがあり、車いすを使用する男子選手。
女子		脊髄損傷、下肢切断など、さまざまな下肢障がいがあり、車いすを使用する女子選手。
クアード		下肢に障がいがあって車いすを使用する人で、上肢にもまひなどの障がいがある選手（男女混合）。

●男子・女子（シングルス・ダブルス）

男子と女子にクラスが分かれ、それぞれ、シングルスとダブルスがあります。

男子シングルス

女子ダブルス

●クアード（シングルス・ダブルス）

上肢にも障がいがある選手のクラスです。シングルスとダブルスがあり、ダブルスは男女でペアを組むこともできます。

　上肢の障がいのために握力が弱い選手も多いため、テーピングで手とラケットをしっかり固定することもあります。

　また、車いすを操作することが困難な選手は、電動車いすの使用が認められる場合があります。

テーピング

電動車いす

特別なルール　一般のテニスとほとんど同じルールが適用されますが、車いすテニスにしかない特別なルールもあります。

●おしりを浮かせてはいけない

サーブやレシーブなどのボールを打つときには、おしりを浮かせて打つことは禁止です。

●足を使ってはいけない

車いすを動かしたり、方向を変えるときに、足を地面につけるのは反則です。

●車いすにボールを当ててはいけない

車いすは選手の体の一部と見なされるため、相手の打ったボールが車いすに当たると、相手のポイントになります。

**車いす
の特徴**

車いすテニスは、いかにうまく車いすを操作できるかがポイントになります。
そのため、車いすには、操作性を高めるためにいろいろなくふうがされています。

●タイヤ

操作性を高めるために、タイヤが斜めに装着され、正面から見ると「ハ」の字形になっています。こうすることで、すばやいターンが可能になります。

●ハンドリム

タイヤの外側におもにアルミニウム製のリムがついています。選手はここを持って車いすを押したり、回転させたり、障がいによりさまざまにくふうしながら操作します。

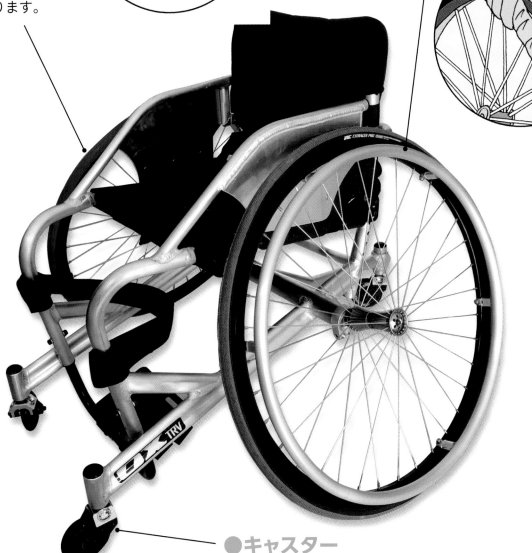

●キャスター

激しい体重移動のときでもバランスを崩したり、転倒したりしないように、前後3カ所にキャスターが装着されています。

車いす操作の基本

●チェアワークの基本

　車いすテニスで欠かせないテクニックが、自由自在に車いすを動かす操作技術（チェアワーク）です。一般のテニスと違って、相手が打ったボールの方向に直線的に動いても、ボールを的確に打つことはできません。チェアワークをうまくこなせるようになることが上達への近道になります。

右にターンするとき

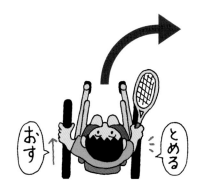

左にターンするとき

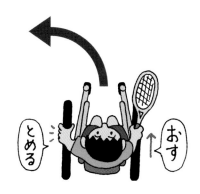

その場で回転するとき

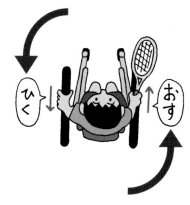

上達してくると、腰を使って体重移動するだけでターンができるようになります。

●後ろ向きに構えるレディポジション

車いすテニスの大きな特徴は2バウンド目でも返球できることですが、2バウンド目は自分のコートの深いところやコートの外側になりがちです。このとき、予めやや後ろ向きの半身になるレディポジションを取りながら、ボールの方向を見極め、ターンして打ちやすいところに車いすを移動させるというテクニックを使います。

右に来る

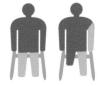
卓球

パラリンピック競技

どんな競技?

いろいろなタイプの障がい者が、それぞれの障がいの種類や程度に応じてプレーする卓球です。

大きくは、車いす・立位・知的障がいに分かれ、障がいの程度でさらに細かくクラス分けされています。そして男女別、さらに個人戦と団体戦があります。

卓球台や球、ラケットは一般の卓球と同じですが、義足の選手、車いすでプレーする選手、クラッチ（杖）で身体を支える選手など、いろいろなプレースタイルがあるのが特徴です。障がいが重いクラスになると、両手を使えない選手がラケットを口にくわえてプレーする姿も見られます。

試合は1ゲーム11点先取の5ゲーム制で、3ゲームを先取した方が勝ちとなります。選手と台が近いため、激しいラリーの応酬が見どころで、いっときも目を離せません。また、卓球はわずかな時間に戦略をたててプレーするスポーツですが、これに障がいという要素が加わり、いろいろなテクニックを駆使した頭脳戦も見られます。

パラ卓球は、1960年の第1回パラリンピック・ローマ大会から行われている歴史のある競技です。1964年の東京パラリンピックで、日本人の金メダル第1号となったのもこの卓球です。

立位・クラスTT9で世界ランキング3位と、日本のエースとして活躍する岩渕幸洋選手（写真／日本肢体不自由者卓球協会）。

クラス分け

障がいの種類や程度ごとにクラスが細かく分かれ、同程度の障がいの選手ごとに分かれて、できるだけ公平な条件で試合を行います。

クラス		対象となる選手		
TT1 TT2 TT3 TT4 TT5	車いす	障がいが　重い　軽い		たとえば、TT1は、体幹を保つことができず、かつラケットを持つ腕に重度の機能障がいがある選手。
TT6 TT7 TT8 TT9 TT10	立位	障がいが　重い　軽い		たとえば、TT6は、脳性まひなど上肢と下肢に重度の障がいがある、両方の下肢切断など。ラケットを口にくわえてプレーする選手もいます。
TT11	知的障がい			

卓球台のイメージ

一般の卓球と同じ大きさの台が使われますが、車いすのクラスの場合は、卓球台の脚と車いすがぶつからないように、卓球台の脚がエンドラインから40cm以上離れたものを使用します。

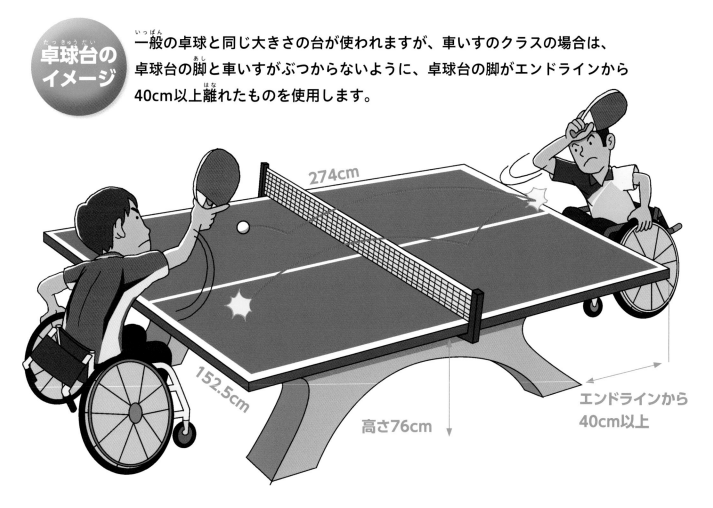

274cm

152.5cm

高さ76cm

エンドラインから40cm以上

13

**特別な
ルール**

パラ卓球は基本的に一般の卓球と同じルールで行われますが、車いすクラスのシングルスのサーブには特別なルールがあり、サーブがそのままサイドラインを割ると無効になってサーブがやり直しになります。

**こんな
選手も**

パラリンピック・リオデジャネイロ大会のパラ卓球、立位・TT6のクラスに出場し、脚でサービストスを上げるエジプトのイブラヒム・ハマト選手。事故で両腕を失う逆境をはねのける姿は、限界を超える力を感じさせました。

写真：AFP/アフロ

こんな「卓球」も
サウンドテーブルテニス

視覚障がい者

視覚障がいのある人のために考案された卓球です。内部に金属の球が入ったボールを特殊なラケットで打ち、一般の卓球とは違ってネットの下を転がして相手コートに返球します。ボールが台から落下することなく、相手コートのエンドフレームに達したら得点になります。

選手はアイマスクをしてプレーするため、音だけを頼りに集中してボールの位置を確かめながらプレーします。1ゲーム11点で3ゲーム先取したら勝ち。試合は静寂の中で行われますが、得点するとおおいに盛り上がります。

視覚障がいの有無にかかわらず、気軽にいっしょに楽しくプレーできるのが、サウンドテーブルテニスの大きな魅力です。

エンドラインとサイドラインの後半部分にエンドフレームが設けられています。

台の中央に突起物が設けられ、選手はこれに触って自分の位置を確かめながらプレーします。

パラバドミントン

対象となる障がい者

上肢・下肢障がい者など

どんな競技？

上肢や下肢などに障がいを持つ人のためのバドミントンです。種目は車いすと立位に大きく分かれ、障がいの程度によってクラス分けされます。一般のバドミントンと基本的には同じルールで、シングルス（男子・女子）、ダブルス（男子・女子）、混合ダブルス（男女）の種目があり、1ゲーム21点マッチの方式で3ゲームを戦い、2ゲーム先取した方が勝ちになります。

パラバドミントン特有のルールとして、クラスによってコートのエリアが変わることが挙げられます。たとえば車いすシングルスでは、ネットに近いエリアとコートの縦半面は無効のエリアで、ここにシャトルが落ちるとアウトになります。車いすのダブルスや、重度の下肢障がいの立位のクラスでも、コートを狭くして試合が行われます。

ネットをはさんだ激しい打ち合いやかけひきはバドミントンと同様。これに障がいの程度やエリアの大きさがからみ合い、相手を前後左右に揺さぶるなど、いろいろなテクニックの応酬が見られるのも、パラバドミントンの特徴になっています。

パラリンピック・東京2020大会で正式競技に採用されたことで、ますます注目を浴びています（2020年9月現在）。

国際試合の車いすクラス男子ダブルス。息の合ったプレーが見られます（写真：長田洋平/アフロスポーツ）。

車いすと立位のカテゴリーに分かれ、6つのクラスに分かれます。

クラス		対象となる選手		
車いす	WH1	重い 障がいが 軽い		下肢の障がいで 車いすでプレーする選手。
	WH2			
立位	SL3	重い 障がいが 軽い		切断やまひなどの下肢障がいが あり、立ってプレーできる選手。 義足や松葉杖を使用してもよい。
	SL4			
	SU5			切断やまひなどの上肢障がい。 義手は使えない。
	SH6			低身長

コートのイメージ

ネットの高さは一般のバドミントンと同じ。車いすシングルスでは、ショートサービスラインのネット側とコートの半分（図の灰色の部分）は無効になります。

6.1m

13.4m

ショートサービスライン

**クラスと
コート**

車いす・立位、そして障がいの程度によって
プレーするコートの大きさが変わるのがパラバドミントンの特徴です。

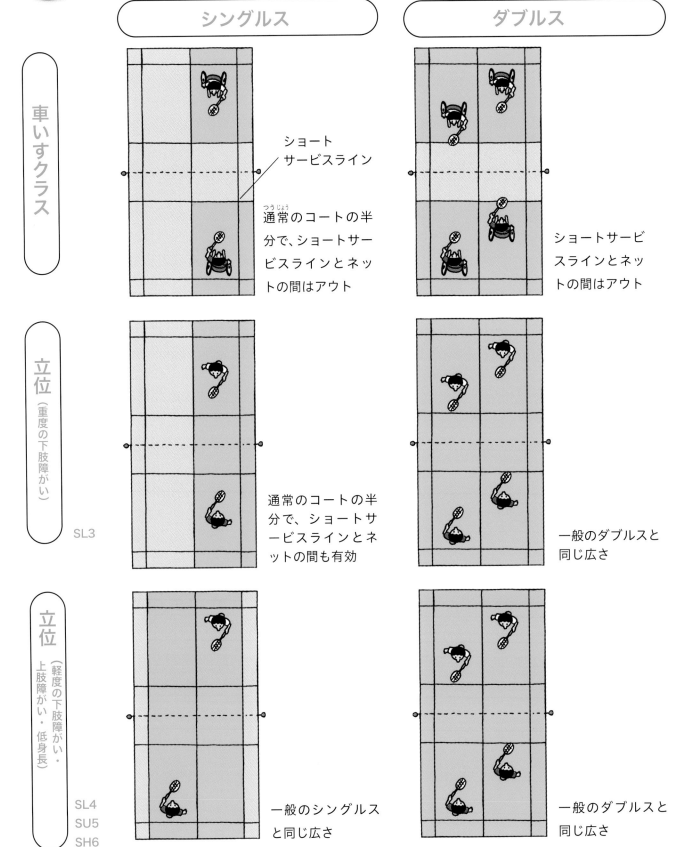

シングルス

ダブルス

車いすクラス

ショートサービスライン

通常のコートの半分で、ショートサービスラインとネットの間はアウト

ショートサービスラインとネットの間はアウト

立位（重度の下肢障がい）

SL3

通常のコートの半分で、ショートサービスラインとネットの間も有効

一般のダブルスと同じ広さ

立位（軽度の下肢障がい・上肢障がい・低身長）

SL4
SU5
SH6

一般のシングルスと同じ広さ

一般のダブルスと同じ広さ

用具のくふう

パラバドミントン専用の車いす

パラバドミントンで使用される車いすは、選手の前後左右のすばやい動きをサポートします。

●背もたれ
シャトルが背後に来た場合に上体を反らせることがあるため、他の競技用の車いすより低くつくられています。

●タイヤとハンドリム
前後へのすばやい動きに対応するため、タイヤは「ハ」の字型になっています。また、ハンドリムは、ラケットを持ちながら操作するため、高い操作性があります。

写真：松尾/アフロスポーツ

●転倒防止キャスター
スマッシュなど、上体を大きく反らせるときに、後ろに転倒しないようにキャスターをつけています。

●軽量ボディ
車いすバスケットや車いすラグビーと違って、相手との接触プレーがないため、衝撃をやわらげるバンパーがなく、その分軽量化されています。

ボッチャ

パラリンピック競技

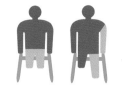
どんな競技？

重度の脳性まひや、四肢に重度の障がいがある人のために考案されたスポーツです。名前はイタリア語で「木の球」という意味です。

選手たちは赤サイドと青サイドに分かれ、それぞれの色のボールを、制限時間内に白いジャックボール（目標球）にどれだけ多く近づけられるかを競います。

お互いに6個のボールを投げ終えた時点で1エンドが終了。ジャックボールにもっとも近い位置にボールを置いた方がそのエンドの勝ちとなり、一番近い相手のボールよりジャックボールに近い自分のボールの数が得点になります。すべてのエンドの総得点が多い方が勝者となります。

得点方法などは冬季競技のカーリングに少し似ていますが、大きく違うのは目標自体を自由に動かせること。わざとジャックボールにボールを当ててほかのボールの後ろ側にかくすなど、いろいろな戦術が可能で、最大の面白さとも言えます。

障がいの程度により、足でボールを蹴ったり、投球の補助具を使ったりと、いろいろな障がいの人がプレーできるようにくふうされています。健常者も重い障がいを持つ人も、同じように楽しめるのがボッチャの大きな魅力です。

狙いを定めてジャックボールを投球する日本のボッチャ第一人者、廣瀬隆喜選手（写真：YUTAKA/アフロスポーツ）。

障がいの重さや種類から4つのクラスに分かれます。
試合は男女混合で行われ、1対1の個人戦、2対2のペア戦、3対3のチーム戦があります。

クラス	種目	対象となる選手
BC1	個人戦 チーム戦	四肢や体幹に重度の障がいがあり、車いす操作ができない。 または、下肢で車いす操作ができ、足蹴りで競技する。
BC2	個人戦 チーム戦	上肢で車いす操作がある程度できる。
BC3	個人戦 ペア戦	もっとも重い障がいがある。 自力で投球ができず、ランプ（投球補助具）を使用する。
BC4	個人戦 ペア戦	脊髄損傷や筋ジストロフィーなど、 BC1やBC2と同等の重い四肢障がいがある。

BC1 〜 BC4に該当しない選手が参加する日本独自の「オープンクラス」もあります。

●ボール

白いジャックボールと、赤または青の6つのボールを投げます。マイボール制で、ボールの大きさと重さには規定がありますが、材質は革やフェルトなど、選手が自由に選ぶことができます。縫い目によって転がり方が変わります（写真：アフロスポーツ）。

●ランプ（投球補助具）

勾配を利用してボールを転がすことによって投球を可能にする道具です。高さを調節でき、高いところから転がすほど強いボールを投げることができます（写真：アフロスポーツ）。

**コートの
イメージ**

12.5m×6mのコートで、1対1の個人戦、2対2のペア戦、
3対3のチーム戦が行われます。

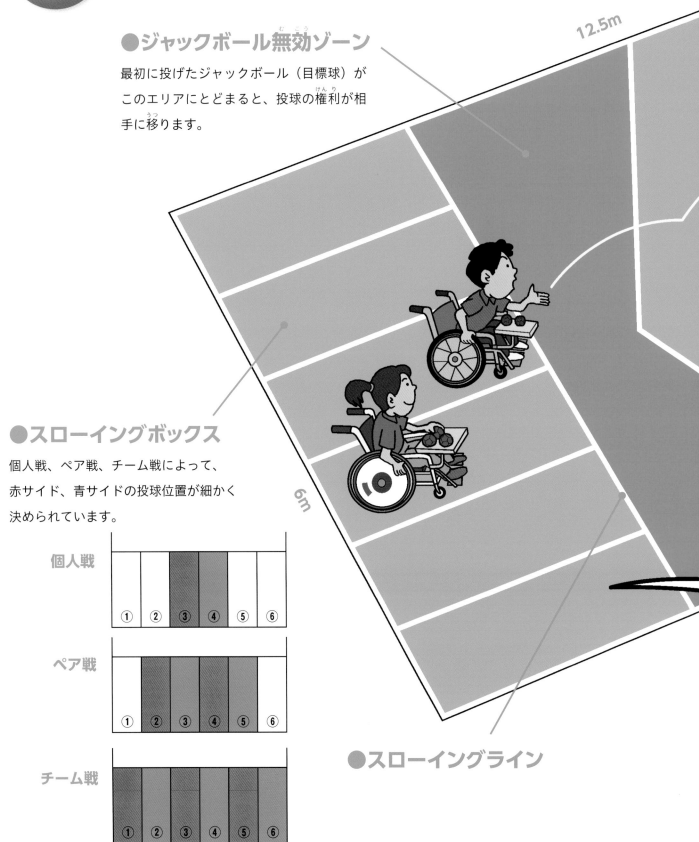

●**ジャックボール無効ゾーン**

最初に投げたジャックボール（目標球）が
このエリアにとどまると、投球の権利が相
手に移ります。

12.5m

6m

●**スローイングボックス**

個人戦、ペア戦、チーム戦によって、
赤サイド、青サイドの投球位置が細かく
決められています。

個人戦
① ② ③ ④ ⑤ ⑥

ペア戦
① ② ③ ④ ⑤ ⑥

チーム戦
① ② ③ ④ ⑤ ⑥

●**スローイングライン**

●ジャックボール（目標球）

●ターゲットボックス

ジャックボールがライン上、または外に押し出されたとき、この位置まで戻されます。

●エンドライン

●サイドライン

スローイングボックスでは、選手、ランプ、ランプのアシスタントのすべてがボックス内に収まる決まりがあります。

試合の進め方 ここでは赤サイドの選手Aと、青サイドの選手Bを例にして個人戦の試合の流れを見てみましょう。

使用するボール

ジャックボール（目標球）がひとつと、選手A・Bそれぞれ1エンドにつき、6個の持ち球があります。

ジャックボール

選手Aの持ち球

選手Bの持ち球

先攻の第1球
（せんこう）

赤いボールを持つ選手Aが最初にジャックボールを投げ、続けて自分のボールを投げます。

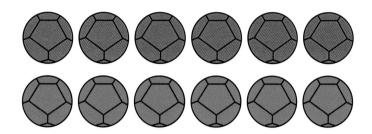

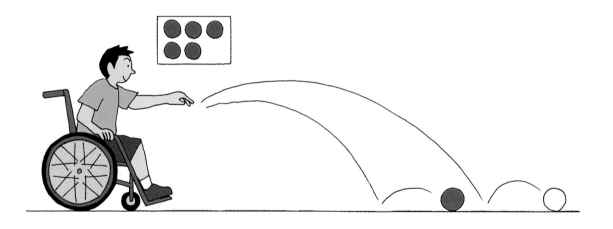

後攻の第1球
（こうこう）

青いボールを持つ選手Bが、自分のボールを投げます。

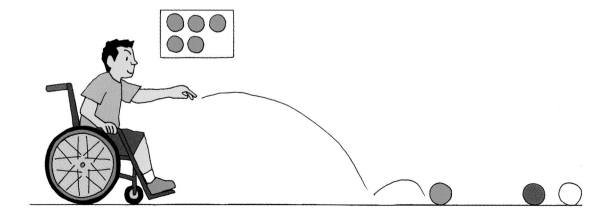

以降の投球

最初の投球以降は、ジャックボールから遠い方のボールを持つ選手が次の投球を行います。

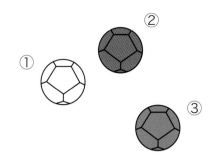

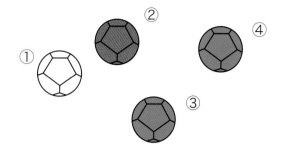

上の場合、青（③）より赤（②）の方がジャックボール（①）に近いため、次は青サイドの投球になります。

次の青サイドの投球（④）も赤（②）よりジャックボールから遠いため、その次も青の投球になります。青サイドが赤いボールよりジャックボールに近いところに投げないかぎり、青の投球が続くことになります。

エンドの終了

赤、青とも6球ずつ投げ終えたところで、1エンドが終了。最後の投球でジャックボールにもっとも近い方がそのエンドの勝者となります。
ジャックボールに一番近い相手のボールより近い球の数が得点になります。
相手の持ち球より多く手元に残していれば、それだけ有利になります。

もっとも近い青のボールよりも赤の2個のボールがジャックボールに近い位置にあるため、赤が2得点となります。

ジャックボールにもっとも近い青のボール

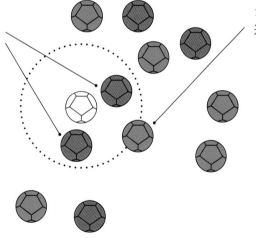

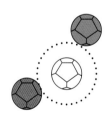

最後の1投でジャックボールからの両者の距離が並んだ場合は1対1の引き分けになります。

合計得点

	第1エンド	第2エンド	第3エンド	第4エンド	合計
選手A	2	1	0	2	5
選手B	0	1	3	0	4

第4エンドが終了した時点で得点が多い方が勝ちです。この場合は選手Aが5対4で接戦をものにしました。

いろいろな戦術

ボッチャは「頭脳戦」ともいわれ、上級になると、いろいろな戦術が繰り広げられます。ここではそんな戦術のポイントを見てみましょう。

的の位置を有利にする

カーリングと違い、ボッチャではジャックボールの位置を自由に選び、試合を有利に運ぶことができます。

●近くで勝負をしたいとき

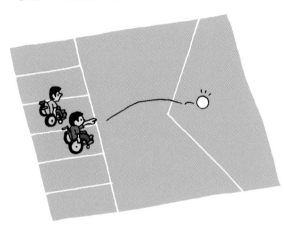

●相手が苦手な遠い位置で勝負をしたいとき

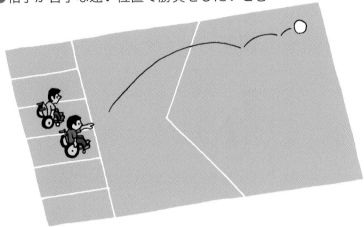

的の位置を変える

ジャックボールの位置を変え、不利な状況をひっくりかえすことも可能です。エンドの勝者が決まる6投目をジャックボールにぶつけ、大逆転につなげることもできます。

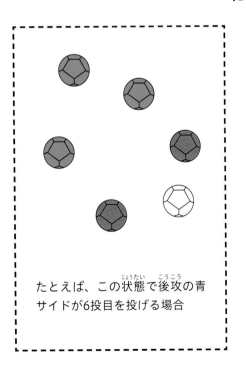

たとえば、この状態で後攻の青サイドが6投目を投げる場合

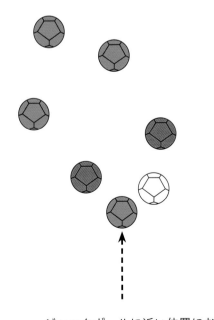

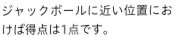

ジャックボールに近い位置におけば得点は1点です。

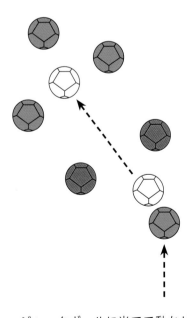

ジャックボールに当てて動かせば、3点獲得のビッグチャンスになります。

残りの球数を多く

相手の球数が少ないほど、エンド終盤を有利な展開にすることができます。そのためには、序盤で相手がジャックボールに近づくことができないような投球をし、自分の球数をできるだけ多く残すのが有効です。

●青サイドがジャックボールにできるだけピタリとよせる

どちらに止まった場合も、赤サイドがもう一度投球しなければなりません。

●青サイドがジャックボールをガードしてしまう

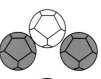

アシスタントの役割

障がいの重い選手が大活躍できるのもボッチャの魅力のひとつ。そこには選手の投球を補助するアシスタントのサポートが欠かせません。ボッチャには制限時間があるため、障がいの重い選手とアシスタントの息の合った連係がカギとなるのです。

アシスタントはコートの方を見たり、選手にアドバイスを出したりすることはできません。

ランプ（投球補助具）とリリーサー（ボールを放つための道具）を使って投球する選手とアシスタント（写真：アフロスポーツ）。

車いすフェンシング

対象となる障がい者

上肢・下肢障がい者

どんな競技？

フェンシングはヨーロッパで盛んに行われているスポーツです。車いすフェンシングも1960年の第1回パラリンピック・ローマ大会から採用された歴史ある競技です。

相手を金属製の剣で突き、ポイントを競う点は同じですが、一般のフェンシングとの大きな違いは、車いすフェンシングでは、「ピスト」という器具に選手の位置が固定されること。フットワークが使えないため、相手と至近距離の戦いになり、いっときも息のぬけないスリリングな展開になるのが、この競技の特徴です。一般のフェンシングのように、身体ごと前後に動いて間合いをとったり、変化をつけたりすることができず、剣使いだけの勝負になりますが、その分、正確なテクニックが求められるため、見ごたえ十分です。

剣の種類や有効面（剣先が当たったときにポイントとなる身体の部分）によって、「フルーレ」「エペ」「サーブル」という3つの種目があり、それぞれ個人戦と団体戦が行われます。

フェンシングは中世の騎士道に由来するスポーツで、礼儀正しさが求められます。「アレ（始め）」など、競技の号令はすべてフランス語で行われ、独特の雰囲気の中で試合が進んでいきます。

車いすフェンシング（フルーレ）の激しい攻防（写真：長田洋平/アフロスポーツ）。

**クラス
分け** 下肢の障がいの程度によって、カテゴリー Aとカテゴリー Bの
2つのクラスに分けられています。

クラス	対象となる選手	
カテゴリーA	軽い　障がいが	下肢の切断やまひなどの障がい。体幹が利き、上体を伸ばして攻撃したり、後ろに引いて攻撃をかわしたりできる選手。
カテゴリーB	重い	体幹があまり利かず、上体を動かすことが難しい。または剣を持つ上肢に障がいがある。

**コートの
イメージ** 車いすを固定するピストは、対戦相手との角度を110度にします。
相手との距離は、不公平にならないように、腕や剣の長さで調整されます。

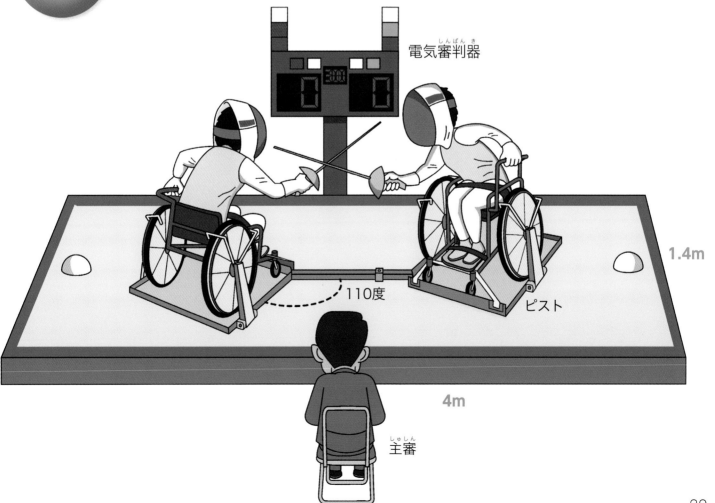

電気審判器

1.4m

110度

ピスト

4m

主審

●車いすの調整

腕の長さなどで有利不利が出ないように、
試合前にピストの位置の調整が行われます。

ピスト

車いすに乗った状態で片方の選手が剣を持った腕を伸ばし、もう片方の
選手の直角に曲げたひじに届くところを計測します。腕の短い方の選手
の計測結果でピストを固定します。

●判定は電気で

選手の持つ剣とウェアには電気コードがつけられていて、
突きなどのポイントが決まると通電し、赤または緑のラ
ンプが点灯するしくみになっています。

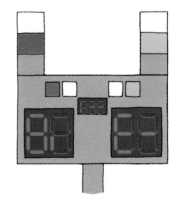

●攻撃権

車いすフェンシング（一般も同様）は、基
本的に多くの「突き（トゥシュ）」を決め
た方が勝ちとなりますが、種目によって
「攻撃権」という独自のルールがあります。
攻撃権を持っている方だけが得点できると
いうもので、攻撃権のない選手が攻撃をし
のぎきったり、相手の剣をはらったりする
と、相手から攻撃権をうばうことができま
す。フルーレやサーブルでは、この攻撃権
の攻防が繰り広げられ、見どころのひとつ
になっています。

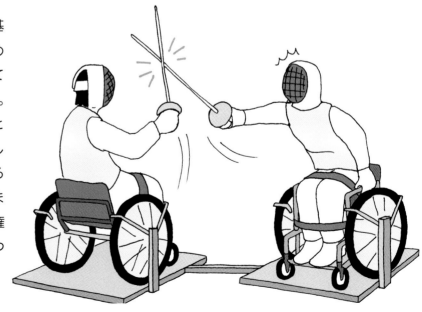

攻撃権を持つ相手の剣をはらうと、攻撃権を獲得できます。

●フルーレ

突きを競う種目で、胴体だけが有効面（赤く示したところ）となります。剣の先が500g以上の力で突いたときに得点となります。攻撃権がめまぐるしく動くのも見どころのひとつです。

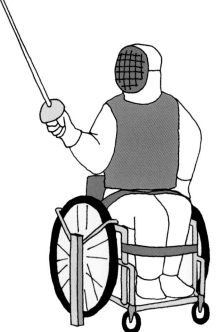

剣の長さは110cm以下。剣は柔らかく、しなります。

3つの種目

●エペ

突きを競う種目で、上半身すべてが有効面になります。剣の先が750g以上の力で突いたときに得点となります。攻撃権はなく、攻撃して逆に突かれると失点しやすくなります。下半身に通電しないように、スカートを着用する特徴があります。

剣の長さは110cm以下。もっとも重い剣を使います。

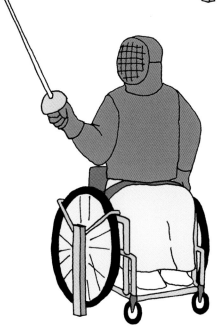

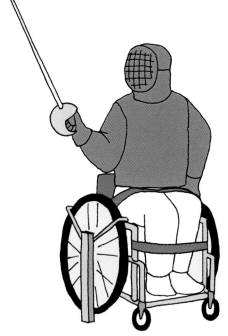

●サーブル

突きと斬りの両方で競う種目で、上半身すべてが有効面となります。斬りは剣の先についたセンサーで判定されます。攻撃権があり、ダイナミックでしかもスピーディな展開が見られます。

剣の長さは105cm以下で鍔（手を防護する武具）つき。平たい刀のような形をしています。

パラテコンドー

対象となる障がい者

上肢障がい者

どんな競技?

パラテコンドーは、テコンドーと同じく、防具をつけて足技だけを使って戦う、韓国生まれの格闘技です。

上肢障がい者が対象の「組手（キョルギ）」が中心で、テコンドーと同じコートや試合運びで行われ、体を回転させて繰り出す回し蹴りなど、華麗な足技が見どころです。

試合は2分間のラウンドを3回行い、決まった足技のポイント数で勝ち負けが決まります。

パラテコンドーは、華麗な足技が注目されますが、戦う上で腕を使った防御も大切になります。このため、上肢の障がいの程度で不公平を生みやすく、他の競技よりも具体的なクラス分けがされているのも特徴のひとつです。

東京2020大会から組手がパラリンピックの正式種目となり、体重による階級と、障がいの程度でクラス分けが行われます（2020年9月現在）。

また、知的障がいの選手も参加して技の美しさを競う「型（プムセ）」も行われます。

© All Japan Taekwondo Association

パラテコンドーは、華麗な足技の応酬が見どころ（写真提供／全日本テコンドー協会）。

クラスと階級
（かいきゅう）

K41〜K44のクラス分けがあり、パラリンピックではこのうち、K43とK44の2クラスが実施されます。また、男女それぞれで体重によって3つのクラスに分けられます。

クラス	対象となる選手（たいしょう）
K41	**重い** 両腕の3分の2以上が失われている。（りょううで）
K42	両腕のひじから先、または片腕がほぼすべて失われている。（かたうで）
K43	障がいが（しょう） 両腕のひじより下、手より上から先が失われている。
K44	**軽い** 片腕のひじより下、手より上から先がない、または片腕に機能障がいがある。（きのうしょう）

階級
男子   − 61kg （61kg以下） − 75kg （75kg以下） ＋ 75kg（75kgより重い）
女子   − 49kg （49kg以下） − 58kg （58kg以下） ＋ 58kg（58kgより重い）

特別なルール

●頭部への攻撃は禁止
（こうげき）（きんし）

パラテコンドーでは、頭部など、胴体以外への攻撃は反則（どうたい）（はんそく）になります。また手によるパンチや突きは、反則ではありませんが、ポイントになりません。（つ）

**エリアの
イメージ**

直径8mの八角形の中で行われます。
片足が完全に外に
出ると反則に
なります。

**足技と
ポイント**

蹴りの技の難易度によってポイントが
異なります。相手にリードされた終盤
などには、一発逆転をねらった高得点
の大技が繰り出されることがあります。

●前足蹴り

正面に構えた姿勢からそのまま繰
り出す蹴りです。最もよく使用さ
れる技で決まると2点になります。

●180度の回し蹴り

回転を加えて後ろから蹴ります。
決まると3点になるアクロバティックな技です。

●360度の回し蹴り

後ろ向きに1回転し、軸足を変えて
蹴る大技です。華麗で難易度が高く、
決まると4点になります。

柔道

パラリンピック競技

どんな競技?

視覚障がいのある選手による柔道です。クラス分けはなく、体重別に男子7階級、女子6階級で行われます。このため、全盲の選手と弱視の選手が対戦することもあります。

ルールは一般の柔道と基本的に同じですが、大きく違うのは、お互いの襟と袖をつかみ、組んだ状態で試合が始まること。組手争いがないため、いつでも大技を繰り出すことができ、迫力満点の試合になります。試合中に選手同士が離れて「待て」になった場合にも、組んだ状態に戻るため、

試合が残り数秒で大逆転になる可能性もあります。

試合の進め方も一般の柔道と同じで、4分の試合時間の中で、立ち技や寝技による「一本」を取ればその場で終了。「技あり」は2回取れば勝ちです。消極的な試合運びをすると「指導」を受け、これが3つ累積すると反則負けになります。

柔道は日本の「お家芸」ですが、視覚障がい者柔道でもしかり。パラリンピックでも、正式種目（男子）になった1988年ソウル大会から好成績で、東京2020でもメダル獲得が期待されています（2020年9月現在）。

両手が離れたり、場外に出てしまったりすると、一度中央に戻り、組み合った状態から試合を再開します（写真：アフロスポーツ）。

クラス分け　視覚障がいのある選手が対象で、全盲・重い弱視・軽い弱視などのクラス分けが行われますが、試合はクラスに関係なく、男子は7階級、女子は6階級の体重別で行われます。

性別	階級
男子	60kg級・66kg級・73kg級・81kg級・90kg級・100kg級・100kg超級
女子	48kg級・52kg級・57kg級・63kg級・70kg級・70kg超級

試合場のイメージ　試合は常にお互いの襟と袖をつかみ、組み合った状態で行われます。

審判は、障がいの重い選手の腕をとって中央に誘導したり、声で選手たちに情報を与えたりすることがあります。

コーチ
試合場のすぐ外で見守り、声を出して選手に指示します。

組手
相手の肩口をつかんだ手を「釣り手」、相手の袖をつかんだ手を「引手」といいます。
どちらもつかんだ手で相手の動きを知る情報源になります。

協力／日本視覚障害者柔道連盟

車いす空手道

どんな競技?

空手道は、「突き」「打ち」「蹴り」などの技を使い、外敵から身を守ることを目的とした日本生まれの武道です。技の美しさや正確さ、強さを競う「型」、1対1で相手と対戦する「組手」の2種目があります。車いすに乗って行う車いす空手道も基本的にはこの一般の空手道と同じです。

「型」は、仮想の相手に対して1人で演武する種目で、攻めと守りを一連の流れに組み合わせて表現します。難易度別に5つの型があり、5人の審判が、技の正確さやすばやさなどを判定します。車いすの操作も判定の対象になります。

「組手」は、選手がこぶしにサポーター、頭部にプロテクターをつけて1対1で戦います。試合時間は2分間で、「突き」や「打ち」などの上半身だけでできる打撃技で勝負します。攻撃は相手の身体の手前で必ず止めなければならず、打撃が相手の身体に当たると反則になります。赤青の旗を持った4人の審判が、技の正確さやスピードを判定し、2つ以上の旗があがるとポイントになります。

上半身を動かせる人なら、だれでもすぐに始められるのが車いす空手道の特徴。子どもや高齢者も気軽に楽しめるパラスポーツで、愛好者は世界中にひろがっています。

2018年車椅子空手道全国大会の「組手」の部のようす（写真／フォトクリエイト）。

2つの種目

●型

突きや打ちなどの攻撃の技と守りの技で構成されます。演武の
内容やかかる時間は型の種類によって変わってきます。

●組手

相手の上半身への突きや打ち、そのコンビネーション技で勝負します。
4人の審判が赤と青の旗をあげ、主審が判定します。

主審

パワーリフティング

どんな競技?

おもに下肢障がいのある選手たちによるパワーリフティング（重量挙げ）の競技です。ベンチに仰向けになって下半身を固定し、そこから上半身の力だけでバーベル（両端に重りをつけた棒）を持ち上げ、その重量を競い合います。

制限時間2分間の中で、選手たちは一度バーベルを胸まで下げ、静止、そこから一気に上まで持ち上げなければなりません。下肢が使えず、踏ん張りが利かない中、選手たちはバーベルをバランスよく保ち、集中して一気に挙げます。試合では常にコーチが近くに寄り添い、大声を出して選手を鼓舞する姿が見られます。

パワーリフティングでは、男女それぞれ10階級ずつに分かれて戦います。ほかのパラスポーツ競技のようなクラス分けはありませんが、下肢切断の選手の場合はその分体重が軽くなってしまうため、欠損の程度によって体重に加算されるという独特の決まりがあります。

1964年のパラリンピック・東京大会から正式競技に採用され、競技国は現在110カ国。世界の最重量級クラスでは、310kgを挙げた選手もいます。これは一般のパワーリフティングの世界記録をしのぐ記録になっています。

全日本パラパワーリフティング選手権女子41kg級の試合のようす（写真：西村尚己/アフロスポーツ）。

クラス分け

下肢障がいや低身長の選手が対象ですが、障がいの重さによるクラス分けはなく、体重によって男女それぞれ10階級に分けられます。

性別	階級
男子	49kg級・54kg級・59kg級・65kg級・72kg級・80kg級 88kg級・97kg級・107kg級・107kg超級
女子	41kg級・45kg級・50kg級・55kg級・61kg級・67kg級 73kg級・79kg級・86kg級・86kg超級

※体重別の階級で順位が競われますが、下肢切断の選手は障がいの程度によって体重が軽くなってしまうことがあります。このため、切断の選手には、足首・膝関節・股関節など、切断の箇所によって体重に一定重量が加算されます。

競技場のイメージ

アシスタント
主審の指示で、バーを支えることができます。

主審

コーチ
選手の近くに付き添い、声を出して指示をすることができます。

副審

ベンチプレス台
下半身をしっかり固定し、上半身の力だけでバーベルを挙げます。

射撃

<ruby>射撃<rt>しゃげき</rt></ruby>

パラリンピック競技

どんな競技?

決められた弾の数を、決められた時間内に撃ち、得点を競う競技です。国際大会の射撃は、下肢や上肢に障がいがある選手が対象で、一般の射撃とほとんど同じルールで進められます。

射撃には多くの種目があります。使われる銃は、火薬で発射するライフルとピストル、空気の圧力で発射するエアライフルとエアピストルの4種類。これに標的までの距離、性別（男子・女子・混合）、障がいの種類（下肢・上肢）で分かれ、さらに姿勢の要素が加わって、立射（立った姿勢）・伏射（伏せた姿勢）・膝射（しゃがんだ姿勢）の3つに細分化されます。また、パラリンピックにはありませんが、飛行する標的を射止める種目（クレー射撃）もあります。通常は、本選の成績で上位8名が決勝に勝ち残り、8名が横に並んで行うファイナル（決勝）で優勝を争います。

標的は、たとえば10mエアライフルの場合、直径わずか30.5mm。最高得点をかせぐためには、さらに中心（直径0.5mm）に当てる必要があります。一流選手になると、60発中、ほとんどがこの中心に当てるハイレベルな戦いになります。1発のミスも許されない、極限のプレッシャーを選手たちは見事にはねのけます。

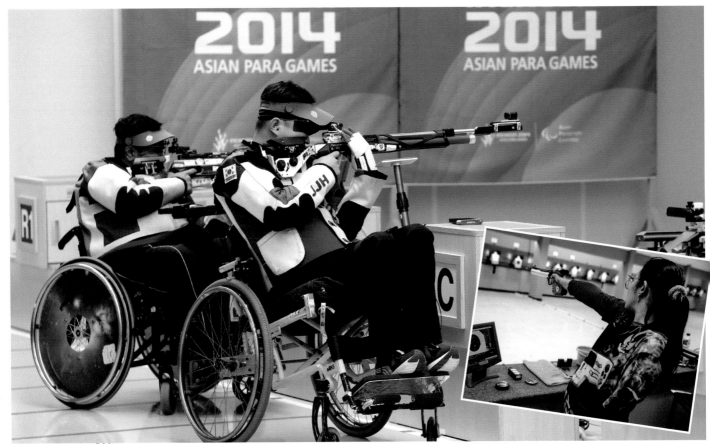

パラスポーツの国際大会アジアパラゲームズの射撃男子10mエアライフル立射と女子ピストルのようす（写真：Yonhap/アフロ）。

クラス分け

大きく2つのクラスに分かれます。射撃の場合は、立位と車いすの区別はなく、選手はどちらでも撃つことができます。ライフルのSH2クラスの場合は、腕の筋力とライフルを支えるスタンドの強度にも決まりがあります。

クラス	対象となる選手			車いすの背もたれ	腕の筋力と支持スタンド
SH1	【ピストルの場合】 上肢または下肢に障がい 【ライフルの場合】 下肢に障がい	A（軽度）体幹が完全に利く。		使用できない。	
		B（中度）腹筋が利くなど、ある程度の体幹機能がある。		低い背もたれを使用できる。	
		C（重度）体幹が利かない。		高い背もたれを使用できる。	
SH2	【ライフルの場合】 上肢または下肢に障がい	A（軽度）体幹が完全に利く。		使用できない。	a（強）バネが弱く不安定 b（弱）バネが強く安定
		B（中度）腹筋が利くなど、ある程度の体幹機能がある。		低い背もたれを使用できる。	a（強）バネが弱く不安定 b（弱）バネが強く安定
		C（重度）体幹が利かない。		高い背もたれを使用できる。	a（強）バネが弱く不安定 b（弱）バネが強く安定

試合場のイメージ

10mエアライフル伏射（R3）本選のようす。選手たちが一列に並んでいっせいに撃ちます。SH2クラスでは、障がいの程度によっては、アシスタントが横についてサポートすることもあります。

◀ 10mエアライフルの実際の的の大きさ（黒い●の直径が30.5mm。直径26.5mmの500円玉と比べてみよう）

43

いろいろな種目

射撃は、銃の種類や標的までの距離、性別、射撃の姿勢などによって、いろいろな種目に分かれます。60発（または120発）撃つ間にかけられる時間もそれぞれに異なります。ここではパラリンピックで行われる13種目の本選について示します。

種目	種目名（射距離）	性別	クラス	弾数	満点
R1	10mエアライフル立射	男子	SH1	60	10.9点×60発
R2	10mエアライフル立射	女子	SH1	60	10.9点×60発
R3	10mエアライフル伏射	混合	SH1	60	10.9点×60発
R4	10mエアライフル立射	混合	SH2	60	10.9点×60発
R5	10mエアライフル伏射	混合	SH2	60	10.9点×60発
R6	50mライフル伏射	混合	SH1	60	10.9点×60発
R7	50mライフル3姿勢	男子	SH1	40×3	10点×120発
R8	50mライフル3姿勢	女子	SH1	40×3	10点×120発
R9	50mライフル伏射	混合	SH2	60	10.9点×60発
P1	10mエアピストル	男子	SH1	60	10点×60発
P2	10mエアピストル	女子	SH1	60	10点×60発
P3	25mピストル	混合	SH1	60	10点×60発
P4	50mピストル	混合	SH1	60	10点×60発

※R7とR8の「3姿勢」とは、膝射（しゃがんだ姿勢での射撃）・伏射（伏せた姿勢で射撃）・立射（立った姿勢での射撃）を指します。

※満点とは、撃った弾がすべて標的のまん中に命中したと仮定したときの点数です。たとえば10mエアライフルの標的（右図）で、まん中の直径わずか0.5mmの○に命中すると10.9点になり、まん中から0.25mmずつずれるごとに0.1点の減点になります。

パラリンピック上位のクラスになると、630点以上の得点を挙げます。この数字は、ほとんどの射撃が中心に命中していることを示しています。

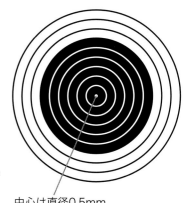

中心は直径0.5mm

ライフルの姿勢

●立射

立った姿勢で銃を構えて撃ちます。障がいによって、いすや車いすに座って撃つこともできますが、腕だけで銃を支えなくてはならず、もっとも不安定で難しい射撃です。

●伏射

床に伏せた状態で撃ちます。両腕を固定できるため、安定した姿勢で撃つことができます。車いすの場合には、取りつけたテーブルに両ひじをのせて撃ちます。

●膝射

しゃがんだ姿勢で撃つことをいいます。片方の膝を立ててしゃがみ、膝の上に腕をのせて撃ちます。車いすなど、しゃがむ姿勢ができない場合にはテーブルなどを膝の代わりに置くことができます。

さくいん

あ

アシスタント …………………………… 27・41
アテトーゼ …………………………………… 4
イブラヒム・ハマト選手 ………………… 14
運動失調 ……………………………………… 4
エペ ………………………………………… 31
エンド ……………………………………… 25

か

下肢 …………………………………………… 4
型 …………………………………………… 39
下腿 …………………………………………… 4
空手（空手道） …………………………… 38
義足 …………………………………………… 5
脚長差 ………………………………………… 4
矯正視力 ……………………………………… 5
筋強直 ………………………………………… 4
筋緊張亢進 …………………………………… 4
筋力低下 ……………………………………… 4
クアード …………………………………… 8・9
国枝慎吾選手 ………………………………… 7
車いす（車いすテニス） ……………… 10・11
車いす（パラバドミントン） …………… 19
車いす空手道 ……………………………… 38
車いすテニス ………………………………… 6
車いすフェンシング ……………………… 28
組手 ………………………………………… 37・39
痙性まひ ……………………………………… 4
痙直型 ………………………………………… 4
健聴者 ………………………………………… 5
光覚 …………………………………………… 5
攻撃権 ……………………………………… 30

さ

サーブル …………………………………… 31
座位 …………………………………………… 5
サウンドテーブルテニス ………………… 15
視覚障がい …………………………………… 5
四肢 …………………………………………… 4
四肢欠損 ……………………………………… 4
肢体 …………………………………………… 4
肢体不自由 …………………………………… 4
膝射 ………………………………………… 45
視野 …………………………………………… 5
弱視 …………………………………………… 5
射撃 ………………………………………… 42
ジャックボール（目標球） ……………… 21
柔道 ………………………………………… 36
重量挙げ …………………………………… 40
上肢 …………………………………………… 4
上腕 …………………………………………… 4
視力 …………………………………………… 5
晴眼者 ………………………………………… 5
脊髄損傷 ……………………………………… 4
切断 …………………………………………… 4
全盲 …………………………………………… 5
前腕 …………………………………………… 4

た

体幹（たいかん） ……………………………… 4

体幹（たいかん）が利かない ……………………… 4

大腿（だいたい） …………………………………… 4

卓球（たっきゅう） ………………………………… 12

他動関節可動域制限（たどうかんせつかどういきせいげん） ……………… 4

チェアワーク ……………………………… 11

中途失聴者（ちゅうとしっちょうしゃ） ……………… 5

聴覚障（ちょうかくしょう）がい ……………………… 5

対（つい）まひ ……………………………… 4

低身長症（ていしんちょうしょう） ……………………… 4

テコンドー ……………………………… 32

テニス ……………………………… 6

な

難聴者（なんちょうしゃ） …………………………… 5

脳性（のうせい）まひ ……………………………… 4

は

バドミントン ……………………………… 16

パラテコンドー ……………………………… 32

パラバドミントン ……………………………… 16

パワーリフティング ……………………………… 40

廣瀬隆喜選手（ひろせたかゆき） ………………… 20

フェンシング ……………………………… 28

伏射（ふくしゃ） ……………………………… 45

フルーレ ……………………………… 31

ボール（ボッチャ） ……………………… 21・24

ボッチャ ……………………………… 20

ら

ランドルト環（かん） ……………………………… 5

ランプ（投球補助具（ほじょぐ）） ………………… 21

立位（りつい） ……………………………… 5

立射（りっしゃ） ……………………………… 45

レーサー ……………………………… 5

レディポジション ……………………………… 11

ろう者 ……………………………… 5

ロービジョン ……………………………… 5

監修 **藤田紀昭** 日本福祉大学教授
（ふじたもとあき）

博士（社会福祉学）。1962年香川県生まれ。
筑波大学大学院修士課程修了。2017年より日本福祉大学スポーツ科学部 学部長。スポーツ庁（文部科学省）「オリンピック・パラリンピック教育に関する有識者会議」委員などを歴任。『パラリンピックの楽しみ方』（小学館）など、障がい者スポーツ研究の著書多数。

●構成・文　グループ・コロンブス（鎌田達也）
●イラスト　丸岡テルジロ
　　　　　　堀江篤史
●写真　　　アフロ
●装丁デザイン　村﨑和寿（murasaki design）
●校正　　　鷗来堂

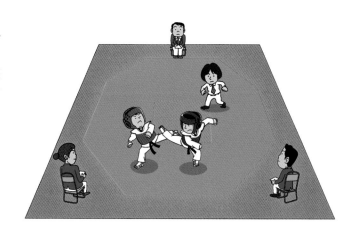

●編集協力（敬称略）
日本障がい者スポーツ協会・日本車いすテニス協会・
日本肢体不自由者卓球協会・日本視覚障害者卓球連盟・
日本障がい者バドミントン連盟・日本ボッチャ協会・
日本車いすフェンシング協会・全日本テコンドー協会・
日本視覚障害者柔道連盟・全日本車椅子空手道連盟・
日本パラ・パワーリフティング連盟・日本障害者スポーツ射撃連盟
【表紙写真提供／日本車いすテニス協会・日本肢体不自由者卓球協会】

決定版!

パラスポーツ大百科 5
［車いすテニス・ボッチャ・柔道 ほか］

2020年10月31日　第1刷発行

監　修　　藤田紀昭
発行者　　岩崎弘明
発行所　　株式会社岩崎書店
　　　　　〒112-0005　東京都文京区水道1-9-2
　　　　　電話（03）3812-9131（営業）／（03）3813-5526（編集）
　　　　　振替 00170-5-96822
　　　　　ホームページ：http://www.iwasakishoten.co.jp
印　刷　　株式会社光陽メディア
製　本　　大村製本株式会社

©2020 Group Columbus
ISBN978-4-265-08835-5　48頁　29×22cm NDC780
Published by IWASAKI Publishing Co.,Ltd.　Printed in Japan
ご意見・ご感想をお寄せください。 e-mail : info@iwasakishoten.co.jp
落丁本・乱丁本は小社負担でおとりかえいたします。

決定版！

パラスポーツ大百科 全6巻

監修 **藤田紀昭** 日本福祉大学教授

1 パラスポーツってなに？

2 陸上・フィールドスポーツ ほか

3 サッカー・野球・ラグビー ほか

4 シッティングバレーボール・ゴールボール ほか

5 車いすテニス・ボッチャ・柔道 ほか

6 水泳・ウィンタースポーツ ほか